AF494094

PAROLES LYRIQUES D'ISABELLE DE SALISBURI,

COMÉDIE HÉROÏQUE ET LYRIQUE, EN TROIS ACTES;

Représentée sur le THÉATRE-MONTANSIER, le 20 août 1791.

PERSONNAGES.

ÉDOUARD III, roi d'Angleterre.

LE LORD, COMTE DE SALISBURI, père d'Isabelle.

LE LORD, COMTE DE STRAFFORT, époux futur d'Isabelle.

LE LORD, COMTE D'ALFRED, favori secret d'Édouard.

LE LORD, BARON DE LINDSEI, capitaine des gardes du roi.

GODFRED, page du comte de Salisburi.

ISABELLE, comtesse de Salisburi.

ARABELLE, demoiselle de la comtesse.

LORDS, ami du duc d'Alfred.

GARDES du roi, des deux comtes.

PAGES de la maison de Salisburi.

PAGES de la maison de Straffort.

DAMOISEAUX, } amis et convives des deux maisons.
DAMOISELLES, }

TROUPE de danseurs et de danseuses.

CHOEURS de musiciens.

SUITE, VARLETS.

La scène se passe à Londres, vers l'an 1345.

ISABELLE DE SALISBURI,

COMÉDIE HÉROÏQUE.

ACTE PREMIER.

SCÈNE PREMIERE.

ÉDOUARD, ALFRED.

ÉDOUARD.

RECITATIF.

Sur un blanc coursier,
Dont la tête, d'un air altier,
Pas à pas se balance,
Sur un blanc coursier,
Orgueilleux de son écuyer,
Avec noblesse Isabelle s'avance.

ARIETTE.

Quel air touchant et gracieux
Tempéroit sa fierté superbe !
La violette humble, sous l'herbe,
Ainsi viendroit s'unir au lys majestueux.

Noble Isabelle !
Oui, la nature, sur tes traits
Epuisant ses plus beaux secrets,
A versé d'une main fidelle

Ses dons , ses trésors les plus frais ,
Pour nous offrir dans tes attraits
Ses beautés dans un seul modèle.

SCÈNE II.

ÉDOUARD, ALFRED, GODFRED, ARABELLE.

ARABELLE.

DUO.

Non , non , Godfred , laisse-moi ;
C'est trop fâcher ton amie ;
Cesse, cesse, je t'en prie ,
Garde le bouquet pour toi.

GODFRED.

Le bouquet sera pour toi :
Arabelle , je t'en prie ;
Je ne veux, ma douce amie ,
Rien qu'un seul baiser pour moi.

ARABELLE.

Non , non , finissez de grace ;
Finissez , je hais l'audace ;
Point de baisers pour vous.

GODFRED.

Point de baiser pour nous... !
Hé bien! soit.... oui , je m'en passe ;
Point de bouquet pour vous.

ARABELLE.

Point de bouquet.... je hais l'audace....

GODFRED.

Point de baiser.... je hais l'audace ;
Je veux braver ton courroux,
Et mériter ma disgrace.

GODFRED.	ARABELLE.
Le bouquet sera pour toi,	Non, non, Godfred, laisse-moi;
Arabelle, je t'en prie ;	C'est trop fâcher ton amie ;
Je ne veux, ma douce amie,	Cesse, cesse, je t'en prie,
Rien qu'un seul baiser pour moi.	Garde le bouquet pour toi.

VILLANELLE.

ARABELLE.

Une belle comtesse
Demain prend un époux ;
C'est ma bonne maîtresse,
Fleur d'amour, de jeunesse,
Puissent-ils être doux,
Ces nœuds de la tendresse !
(*Refrain.*) Je lui voulois offrir
Un bouquet en hommage,
Que, suivant mon désir,
Ne l'ai-je pu choisir,
Comme une douce image
D'amour et de plaisir !

GODFRED.

Et voilà qu'Arabelle
Me dit, d'un air mignard :
Va cueillir l'immortelle,
La rose la plus belle.
Je cours de toute part,
Et les cueille pour elle :
Je lui pensois offrir
Un bouquet en hommage ;

Que, suivant mon désir,
Ne l'ai-je pu choisir,
Comme une douce image
D'amour et de plaisir !

ARABELLE.
Je lui voulois offrir
Un bouquet en hommage ;
Que, suivant mon désir,
Ne l'ai-je pu choisir,
Comme une douce image
D'amour et de plaisir !

GODFRED.
Je lui pensois offrir
Un bouquet en hommage ;
Que, suivant mon désir,
Ne l'ai-je pu choisir,
Comme une douce image
D'amour et de plaisir !

ROMANCE.

Sous trois ormeaux antiques,
Au portail du château,
Sous les granges rustiques,
Vers le bas du coteau,
Elle honoroit la danse
De sa noble présence,
De son joli regard ;
Quand elle y prenoit part,
La champêtre innocence
Dans cet heureux hasard
Trouvoit sa récompense.

Quand l'hirondelle agile,
Chantant le renouveau,
Reprenoit son asyle
Sous les toîts du château,
Lilas et blanche épine,
La rose purpurine,
Amusoient son loisir.
Voilà le vrai plaisir.
Sur l'onde cristalline

Ainsi le doux zéphyr
Sans la troubler badine.

Plus belle et plus brillante,
Elle chantoit par fois;
La harpe frémissante
S'unissoit à sa voix.
Les pleurs à la paupière,
Dans l'assemblée entière
Chacun étoit surpris
De ses talens chéris;
Puis cette fille chère
Alloit cueillir le prix
Dans les bras de son père.

SCÈNE VI.

RITOURNELLE en marche.

CHOEUR DES TROUBADOURS.

Chastes nymphes du Permesse!
Filles du Pinde! nos amours!
Pour célébrer la Beauté, la Sagesse,
Inspirez vos Troubadours!

HYMNE PARANYMPHE.

CHORIPHÉE.

Beaux climats de l'Occitanie!
Champs aimés du Dieu du jour!

De la Beauté douce patrie !
Fertile source du Génie !
Brillant empire de l'Amour !
Loin de vous il est sur la terre
Un trésor que vous n'avez pas.
Isabelle est en Angleterre ;
Ce trésor manque à vos appas.

SOUHAIT.

ÉDOUARD.

ARIETTE.

Ah ! qu'à jamais la Destinée
Répande ses faveurs sur toi !
Puisses-tu n'engager ta foi
Que pour être plus fortunée !
Que les Dieux.... et que moi !
Objet touchant ! ô divine Isabelle !
Quand de l'Hymen la puissance éternelle
Vient te serrer de ses nœuds,
Songe du moins, timide colombelle,
Qu'il faut aimer pour être heureux.

Ah ! qu'à jamais, etc.

MENUET GRACIEUX.

FINALE.

STRAFFORT.
Quelle audace !

SALISBURI.
Quel transport !

SALISBURI.

Malheureux ! de ta hardiesse....

STRAFFORT.

Bientôt le prix sera ta mort.

ÉDOUARD.

Calmez le trouble qui vous presse....
...... Isabelle .... à mon ivresse,
Pardonnez, pardonnez un indiscret transport.

STRAFFORT.

Quelle audace.... !

SALISBURI.

Quelle hardiesse.... !

Non, non, ma fureur vengeresse
Se calmera par ta mort.

STRAFFORT.

Rends-moi, rends-moi cette écharpe funeste,
Rends-la, perfide, ou péris à l'instant.

STRAFFORT ET SALISBURI.

Rends-moi, rends-moi cette écharpe funeste,
Rends-la, perfide, ou péris à l'instant.

ÉDOUARD.

La rendre ...! Moi ...? Quoi! ce signe éclatant
De la faveur céleste,
De la fortune qui m'attend !
Qui ? moi! je le rendrois.... ! Par mon cœur, que j'atteste,
En fallût-il mourir cent fois,
Jamais, jamais votre vengeance
Ne l'ôtera de ma puissance ;
La fortune et mon cœur ont établi mes droits.

STRAFFORT.

C'en est trop, meurs, perfide!

ÉDOUARD.

Viens, Straffort, je t'attends.

STRAFFORT.

Amis, amis, il en est tems;
Armez-vous ?

ALFRED.

D'une ame intrépide,
Compagnons, secondez l'ami que je défends.

ALFRED.	STRAFFORT et SALISBURI.
Secondez-bien l'ami que je défends.	Secondez-nous, amis, il en est tems.
TROUBADOURS.	PAGES, etc.
Nous défendons l'ami que tu défends.	Secondons-les, amis, il en est tems.

ÉDOUARD.

Arrêtez, chers amis; et toi, Straffort, écoute:
Pour me ravir ce précieux trésor
Il n'est plus qu'une seule route,
C'est mon cœur, qui ne redoute
Ni ta colère ni la mort.
Demain, avant le jour, je le verrai sans doute
Dans la forêt de Windsor.

STRAFFORT.

Et quel es-tu ? Parle et te nomme.
Daignerai-je me venger ?

ALFRED.

Je réponds pour ce gentilhomme,
Alfred partage le danger.

STRAFFORT.

STRAFFORT et SALISBURI.
Il répond pour ce gentilhomme,
Alfred partage le danger;
Eh! qu'importe comme il se nomme?
Alfred suffit pour en juger.

ALFRED et TROUBADOURS.
Je réponds pour ce gentilhomme,
Nous partageons tous le danger;
Eh! qu'importe comme il se nomme?
Alfred suffit pour en juger.

PAGES, VARLETS, etc.
Il répond pour ce gentilhomme,
Alfred partage le danger;
Eh! qu'importe comme il se nomme?
Alfred suffit pour en juger.

SALISBURI.

Quel effrayant mystère!
Et que penser d'un tel appui?
Isabelle, réponds à ton père:
Malheureuse! quel est ce complot inoui?

ÉDOUARD.

N'affligez point une fille si chère;
Elle ignore qui je suis.

STRAFFORT et SALISBURI.
Il répond pour ce gentilhomme.

ALFRED et TROUBADOURS.
Je réponds pour ce gentilhomme.

PAGES, VARLETS, etc.
Il répond pour ce gentilhomme.

STRAFFORT.

Allons, j'accepte la vengeance:
Téméraire! demain, demain nous nous verrons.

ÉDOUARD, ALFRED et TROUB.
Allons, j'accepte la vengeance:
Téméraire! demain, demain nous nous verrons.

STRAFFORT et SALISBURI.
Allons, j'accepte la vengeance:
Téméraire! demain, demain nous nous verrons.

SALISBURI.

Mon ami, sur tant d'affronts,
On a fondé peut-être une fausse espérance;
Ou vainqueur, ou vaincu,
Non, mon ami ne sera point déçu.
L'objet que je vous donne,
S'il n'est à vous, ne sera pour personne.

J'en atteste mon cœur, ma fille et sa vertu.
Que dans la tour on conduise Isabelle.
Voyons si de son père on percera le cœur.

EDOUARD.

Barbares ! votre fureur
S'assouvit déjà sur elle ;
Mais j'en arrêterai le cours.
Tremble, Straffort ! et toi, son père, tremble !
Vous me répondrez ensemble,
Et de sa main et de ses jours.

<table>
<tr><td>EDOUARD.
Sur tant d'affronts
Vous fondez trop votre espérance :
Allons, Straffort, j'accepte la vengeance ;
Téméraire ! demain, demain nous nous verrons.</td><td>STRAFFORT et SALISBURI.
Sur tant d'affronts
Vous fondez trop votre espérance :
Straffort accepte la vengeance ;
Téméraire ! demain, demain nous nous verrons.</td></tr>
<tr><td>ALFRED et TROUBADOURS.
Sur tant d'affronts
Vous fondez trop votre espérance ;
Straffort accepte la vengeance ;
Téméraire ! demain, demain nous nous verrons.</td><td>PAGES, etc.
Sur tant d'affronts
Vous fondez trop votre espérance :
Straffort accepte la vengeance ;
Téméraire ! demain, demain nous nous verrons.</td></tr>
</table>

FIN DU PREMIER ACTE.

ACTE II.

SCÈNE III.

ISABELLE, ARABELLE.

ISABELLE.

PLAINTE.

CANTABILE.

A la dernière aurore,
Mes yeux, hélas ! à l'œil du jour,
Réjouis par son retour,
Avec plaisir s'ouvroient encore.

Mon bonheur s'est écoulé
Comme un ruisseau dans la prairie.
Plaisirs passés, dignes d'envie,
Votre charme s'est envolé ;
Et dans mon cœur troublé
Je sens le dégoût de la vie.

De vos foyers et de vos bras,
Pourquoi m'éloigner ? ô mon père !
J'étois heureuse, et je ne le suis pas....
Est-ce-là cet hymen prospère.... ?

Mon bonheur s'est écoulé, etc.

SCÈNE V.

ÉDOUARD, ISABELLE.

DUO.

ÉDOUARD.

Si votre cœur généreux
A pardonné mon audace,
Accordez encore une grace
A l'amant le plus malheureux.
Ah! rendez-moi cette écharpe chérie!
Que je la place sur mon cœur.
Hélas! du moins, en mon malheur,
Je n'aurai pas quitté la vie
Sans avoir vu ma douce amie
S'intéresser à ma douleur.

ISABELLE.

Ne pensez plus à cet objet funeste.
Pouvez-vous y songer encor?
Je le maudis, je le déteste.
Partez sans lui; partez.... et qu'il me reste
Comme un signe de deuil, de malheur et de mort.

ÉDOUARD.

Isabelle, ma bien-aimée,
Voyez Edmond à vos genoux.

ISABELLE.

Edmond, de grace! éloignez-vous;
Ménagez mon ame alarmée.

ÉDOUARD.

Au moment de ne plus vous voir,
Que j'obtienne de ce que j'aime....

ISABELLE.

Voyez, Edmond, mon trouble extrême:
Ah! respectez mon désespoir!

ÉDOUARD.

Ce gage cher dont le pouvoir....

ISABELLE.

Eh! que vous servira d'avoir....

ÉDOUARD.	ISABELLE.
Feroit triompher du ciel même.	Ce signe du malheur suprême?

ISABELLE.

O fatal ornement!
Malheureuse journée
Où d'un tel présent
Une infortunée
Fit le choix imprudent!

ÉDOUARD.

Au moment de ne plus vous voir,
Que j'obtienne de ce que j'aime

ÉDOUARD.

Au moment de ne plus vous voir,
Que j'obtienne de ce que j'aime
Ce gage cher dont le pouvoir
Feroit triomphor du ciel même.
Précieux ornement!
Quelle heureuse journée
Où d'un tel présent
Une infortunée
Consola son amant!

ISABELLE.

Voyez, Edmond, mon trouble extrême;
Ah! respectez mon désespoir!
Eh! que vous servira d'avoir
Ce signe du malheur suprême?
O fatal ornement!
Malheureuse journée
Où d'un tel présent
Une infortunée
Fit le choix imprudent!

SCÈNE VII.

ISABELLE, ARABELLE ; CHOEUR de musiciennes sous le costume des neuf muses ; CHANTEURS, etc. DANSEURS, DANSEUSES, dans le costume villageois du temps le plus simple ; une jeune BACHELETTE de quinze à seize ans, figurant l'AMOUR.

MARCHE.

Air d'harmonie exécuté par les muses.

ARIETTE DE BRAVOURE.

POLYMNIE.

ODE.

Fils de Vénus ! ame du monde !
Objet des plus constans désirs !
De la jeunesse et des plaisirs
Divinité ! source féconde !
Amour ! Amour ! presse l'instant
De ta victoire la plus belle.
La Vertu te prépare un triomphe éclatant,
La Beauté te sourit, l'innocence t'attend,
Le sentiment t'appelle.

Viens essuyer de ton bandeau
Les larmes que tu fais répandre.
Tu soumets le cœur le plus tendre,
Choisis le myrthe le plus beau.

Fils de Vénus ! ame du monde ! etc.

CHOEUR ÉLÉGIAQUE.

DANSE.

L'AMOUR CHORIPHÉE.

Dans le bocage, à la saison nouvelle,
Où le Plaisir préparoit un beau jour,
Elle gémit, la douce tourterelle,
Sur son ami que poursuit le vautour.
Console-toi, plaintive colombelle;
Voici l'ami qui vient à tire-d'aîle.
Tendres amans, c'est l'ouvrage d'Amour
De protéger un cœur fidèle.

CHOEUR.

Dans le bocage, à la saison nouvelle, etc.

SCÈNE VIII.

ISABELLE, ARABELLE, SALISBURI, PAGES, VARLETS, VILLAGEOIS, VILLAGEOISES, suite de Salisburi, etc.

(*La plupart de ces personnages ne sont pas d'abord présens; ils ne paroissent qu'avec Salisburi.*)

SALISBURI, *dans les vestibules, aux pages*, etc.

Vous faites en vain résistance:
Oui, j'entrerai dans ce palais.
Pages, fuyez; fuyez, varlets;
Fuyez, redoutez ma vengeance.

SALISBURI, *dans les vestibules.*	CHOEUR *lointain de pages et de varlets*, etc.
Vous faites en vain résistance : Oui, j'entrerai dans ce palais. Pages, fuyez ; fuyez, varlets ; Fuyez, redoutez ma vengeance.	Nous faisons en vain résistance ; Bientôt il force le palais : Pages, fuyons ; fuyons, varlets ; Fuyons, ou craignons sa vengeance.
CHOEUR *présent de villageois et de villageoises.*	
Ecoutons ; on fait résistance : O ciel ! on force le palais ; On met en fuite les varlets. Entendez-vous crier vengeance ?	

ISABELLE.

Ciel ! juste ciel ! qu'est-ce donc que j'entends ?
C'est la voix de mon père.

ARABELLE.

C'est lui-même. De sa colère,
Entendez-vous les transports éclatans ?

SALISBURI, *dans les vestibules.*	CHOEUR *lointain de pages, varlets et suite.*
Vous faites en vain résistance, etc.	Nous faisons en vain résistance, etc.
CHOEUR *présent de villageois et de villageoises.*	
Écoutons, on fait résistance, etc.	

SALISBURI.

Vous la cachez en vain ; oui, ma fille est ici :
Je la verrai ; je reprendrai ma fille.
Qui m'osera résister.... ? La voici.
Es-tu l'honneur de ma famille ?
Es-tu l'opprobre de mon sang ?
Dans le sein du cruel qui de mes bras t'enlève
Me faut-il enfoncer ce glaive ?
Faut-il le plonger dans ton flanc ?
Parle, réponds ?

ISABELLE.

O mon père !
Terminez ma peine et mes jours.

SALISBURI.

SALISBURI.

Comment ! Alfred, ce téméraire
Est donc l'objet de tes lâches amours ?
Dans ses foyers il t'appelle,
Et sans pudeur....

ISABELLE.

Que dites-vous ? Non, non;
Alfred n'aime point Isabelle;
Et de son cœur, à la vertu fidèle,
Votre fille jamais, jamais ne lui fit don.

SCÈNE IX.

Les précédens; STRAFFORT et suite.

SALISBURI.

O mon ami... !

ISABELLE.

Straffort... ! Dieu ! je meurs... !

STRAFFORT.

Ah ! cruelle !
Adieu, cher comte, adieu. Plaignez mon sort.
On m'attend à Windsor;
L'heure approche et j'y vole.

ISABELLE.

Que dites-vous...? Ciel... ! arrêtez, Straffort !

SALISBURI.

Qu'un lâche ravisseur te combatte et t'immole !

STRAFFORT.

Qu'importe à qui ? j'ai donné ma parole.

ISABELLE.

Arrêtez, arrêtez, Straffort !

SALISBURI.

Tiens, la voilà, cette Isabelle ;
Non, non, jamais, son cœur, dit-elle,
N'a terni l'éclat de mon nom.

ISABELLE.

Que dites-vous ? Non, non,
Alfred n'aime point Isabelle ;
Et de son cœur, à la vertu fidèle,
Votre fille jamais, jamais ne lui fit don.

STRAFFORT.

Comment ! Alfred dans ce mystère
N'est point l'objet de ses amours !
Je trouverai ce téméraire,
Ce vil amant qui tremble pour ses jours.

SALISBURI.

Comment ! Alfred dans ce mystère
N'est point l'objet de ses amours !
Quel est donc l'amant téméraire
Qui fait le malheur de mes jours ?

ISABELLE.

Mais, hélas ! par pitié, mon père,
Terminez ma peine et mes jours !
Frappez, que votre fille chère
N'entende plus parler d'amours.

ARABELLE.

O mon cher maître ! ô tendre père !
Ah ! prenez pitié de ses jours !
Que sa douleur me désespère !
Triste hymen ! funestes amours !

CHŒUR.

O ciel ! à cette fille chère
Accorde de plus heureux jours !
Regarde d'un œil tutélaire,
Et ses vertus et ses amours !

SALISBURI.

Nomme-moi, fille insensée !
L'insolent, qui, dans ces lieux,
Détruisant ta gloire passée,
T'entraîna loin de mes yeux.
Nomme-moi, fille insensée !
L'insolent, qui, dans ces lieux,
Détruisant ta gloire passée,

T'entraîna loin de mes yeux.
Tu te tais.... ? tu rougis.... ? O Dieux.... !

SALISBURI et STRAFFORT.

C'en est fait, ma main courroucée.....
Qu'il tremble, l'audacieux !

SALISBURI.

De ce mystère inique
Je percerai l'obscurité ;
Aux pieds du roi, mon honneur irrité
Va porter à l'instant ma douleur énergique :
Il verra ton père à genoux ;
J'implorerai sa justice ;
Et de l'objet de mon courroux
Ma gloire et ma fureur obtiendront [illegible] supplice.

Suis-moi, perfide! et revois les foyers
Que ta présence déshonore.

ISABELLE.

De ma vie, ô ciel que j'implore,
Que ces instans soient les derniers !

STRAFFORT. Comment ! Alfred dans ce mystère, etc. SALISBURI. Comment ! Alfred dans ce mystère, etc. ISABELLE. Mais, hélas ! par pitié, mon père, etc.	ARABELLE. Ah ! mon cher maître ! ô tendre père, etc. CHOEUR. O ciel ! à cette fille chère, etc.

FIN DU SECOND ACTE.

ACTE III.

SCÈNE PREMIERE.

ISABELLE.

RECITATIF.

Qui viendra, par pitié, dissiper mes alarmes?
Deux rivaux au combat me remplissent d'effroi.
O ciel! de qui vas-tu favoriser les armes....?
Ah! les vœux de mon cœur s'échappent malgré moi.
Protégez, ô Destins! une tête si chère....!
Malheureuse Isabelle! où vas-tu t'égarer....!
Tes vœux, ton cœur, ta main, dépendent de ton père;
Il ne te reste qu'à pleurer.

AIR.

Don fatal de la nature!
Cœur sensible! mon tourment!
S'il est dans le sentiment
Une félicité pure,
Don fatal de la nature,
Cœur sensible! mon tourment!
Du plus doux épanchement
D'où vient que l'honneur murmure?

O grand Dieu....! le besoin d'aimer
Dévore mon ame et l'oppresse.

Douce union ! aimable ivresse !
Sans vous, rien ne peut me charmer ;
Et tout conspire à m'alarmer,
Au premier cri de ma tendresse ;
Et c'est un crime, une foiblesse
De choisir ce qu'on doit aimer !

Don fatal de la nature, etc.

SCÈNE III.

ISABELLE, ARABELLE, SALISBURI, LORD LINDSEI, GARDES du roi.

DUO.

ISABELLE.

Moi ! que d'Edmond je signe le trépas ?

SALISBURI.

Signe à l'instant, prouve ton innocence.

ISABELLE.

Non, non, jamais, n'espérez pas
Que j'obéisse à la vengeance.

SALISBURI.

Ciel ! quelle est donc cette démence ?
Fuis, perfide ! loin de mes bras.

ISABELLE.

Moi ! que d'Edmond je signe le trépas ?

SALISBURI.

Signe à l'instant, prouve ton innocence.

ISABELLE.	SALISBURI.
Non, non, jamais, n'espérez pas Que j'obéisse à la vengeance.	Ciel! quelle est donc cette démei Fuis, perfide! loin de mes bras.

ISABELLE.

Quelle image effrayante!
Quel projet inhumain!
Qu'une fille tremblante,
D'une cruelle main,
Brûlante de colère,
Sans effroi, sans remords,
Sous les yeux de son père,
Signe un arrêt de mort....!

. . . .

Non, non, jamais, n'espérez pas
Que j'obéisse à la vengeance.

ISABELLE.	SALISBURI.
Non, non, jamais, n'espérez pas Que j'obéisse à la vengeance. Moi! que d'Edmond je signe le trépas? Non, non, jamais, n'espérez pas Que j'obéisse à la vengeance.	Ciel! quelle est donc cette démence? Fuis, perfide! loin de mes bras. Signe à l'instant, prouve ton innocence; Ou persiste dans ta démence, Et fuis, dis-je, loin de mes bras.

SALISBURI.

Ma fille, sans murmure,
Ma fille a pu souffrir
La plus sanglante injure,
Et n'ose la punir?
Ici l'honneur demande
L'éclat, le sang, la mort;
Et quand l'honneur commande,
Il n'est point de remords.

ISABELLE.	SALISBURI.
Non, non, jamais, n'espérez pas, etc.	Ciel! quelle est donc cette démence, etc.

SALISBURI.

Je vois enfin d'où partent tes refus.

ISABELLE.

Prenez pitié de ma douleur amère.
Voyez mes pleurs, et montrez-vous mon père.

SALISBURI.

Ton père! moi? non, je ne le suis plus.
Je vois, je vois d'où partent tes refus.
Edmond....! Edmond t'est cher.

ISABELLE.

Voyez votre Isabelle!

SALISBURI.

Tu l'aimes, je le vois.

ISABELLE.

Et sa peine mortelle!

SALISBURI.

Parle, perfide! l'aimes-tu?
Si je pouvois le croire....!

ISABELLE.

O mon père!

SALISBURI.

L'aimes-tu?

ISABELLE.

Grace! mon père.

SALISBURI.

L'aimes-tu ?

ISABELLE.

Grace! pitié !

SALISBURI.

Non , jamais. L'aimes-tu ?

ISABELLE.

Frappez ; je l'aime et j'en fais gloire :
Il m'est cher comme la vertu.

SALISBURI.	ISABELLE.
O vengeance! ô fureur.... !	Ma force m'abandonne.

SALISBURI.

Leve-toi ; je l'ordonne !
Hé! que m'importent tes regrets !
Je veux le trépas du coupable.
Ce criminel amour , ces odieux secrets
Seront punis : je suis inexorable.

ISABELLE.

Hé bien ! ordonnez les apprêts
De mon supplice.... Mais....

SALISBURI.	ISABELLE.
Signe l'arrêt de son trépas,	Non , non , jamais n'espérez pas
Ou je punis ta résistance.	Que j'obéisse à la vengeance.

SCÈNE IV.

SCÈNE IV.

ISABELLE.

DITHYRAMBE.

Hé bien ! si d'une mort barbare,
Edmond, tu dois subir l'arrêt....
Ah ! ne crois pas qu'il nous sépare ;
Je te suivrai, mon cœur est prêt.

Qui ? lui, mourir.... ?. Exécrable hyménée.... !
.... Le voilà.... ! cher Edmond.... ! le voilà.... !
.. O mon père... ! arrêtez... ! Dieu... ! sa main forcenée... !
.... Malheureuse.... ! qu'ai-je dit là.... !
Ah ! je m'égare.... O mon père ! pardonne....
Ah ! par pitié ! pardonne-nous.... !
.... Non, non.... tremblante à ses genoux....
Il l'a juré... ! Dieu ! sa mort.... ! je frissonne....
.... O désespoir.... ! tyrans jaloux !

Hé bien ! si d'une mort barbare, etc.

SCÈNE DERNIÈRE.

ÉDOUARD, ISABELLE, SALISBURI, LINDSEI, LORDS, PAGES, DAMOISEAUX, DAMOISELLES, suites, etc. ARABELLE.

CHANT DE TRIOMPHE.

CHOEUR.

Gloire ! honneur ! gloire ! honneur à la douce Beauté !
Amour ! hommage ! encens aux vertus d'Isabelle !
Jamais roi ne conquit une épouse si belle ;
L'Angleterre jamais plus de félicité.

FIN DU TROISIÈME ET DERNIER ACTE.

www.ingramcontent.com/pod-product-compliance
Ingram Content Group UK Ltd.
Pitfield, Milton Keynes, MK11 3LW, UK
UKHW020526180726
13839UKWH00005B/2342

9 782329 562162